I_m 3
1141.

COMPLÉMENT

A LA

NOTICE HISTORIQUE

SUR LES

LUSIGNAN D'AGENAIS

ET DE POITOU

AGEN

F. Bonnet, imprimeur, cours du Pin, 14.

—

1868

BIBLIOTHÈQUE IMPÉRIALE — IMPR.

COMPLÉMENT

A LA

NOTICE HISTORIQUE

SUR LES

LUSIGNAN D'AGENAIS
ET DE POITOU

D ans notre notice historique sur nos Lusignan d'Agenais, nous avons discuté la question de communauté d'origine entre eux et les Lusignan de Poitou.

Nos preuves déduites à travers les immenses lacunes créées par le temps et surtout par la main des hommes, nous avons parcouru toutes les objections que nous avons su connaître ou même pressentir.

Après avoir, entre autres, réfuté une partie de celle qui consistait à prétendre facile l'usurpation des noms et même des armes en général ; après avoir, jusque-là, signalé l'obstacle qu'il y a toujours eu, notamment sous les anciens édits, chez les magistrats du ministère public et les juges, nous avons spécialement examiné celle d'après laquelle il n'y aurait eu, à certaine époque, aucun intérêt privé subsistant pour mettre en action, à cet égard, l'autorité de la justice. Et s'il est vrai, disions-nous, que les Lusignan primitifs se fussent éteints en 1303, cela n'est vrai, ajoutions-nous, que pour la branche aînée et en Poitou seulement. Maintes branches collatérales s'étaient plus ou moins continuées au loin, en effet. Quelques-unes s'étaient perpétuées en France, l'une existant même encore à Poitiers et dans les Deux-Sèvres, sortie des Lusignan *Couhé*, qui sont incontestés (1); par conséquent toujours présente, celle-ci, dans la même province et sous le même parlement où résidèrent les nôtres.

Mais, depuis cette discussion, nous avons découvert, en Agenais même, une autre branche non moins incontestée : celle des Lusignan *Saint-Gelais* (2). Très-hauts et très-puissants personnages par leurs alliances comme par eux-mêmes, ils entrèrent d'abord dans la Maison de *Lansac*, près Tournon (arrondissement de Villeneuve-sur-Lot), puis dans celle de *Raffin*, à *Puycalvari*, près Tournon encore, et à *Roséri*, près Sembas, canton de Villeneuve (3). Ils y restèrent ou y conservèrent leurs intérêts avec leurs relations durant plus de 200 ans.

§ 1.

Voici, d'abord, ce qui nous en est plus particulièrement appris par Anselme et par Moréri, sauf à y ajouter d'autres documents, où sont compris ceux à nous fournis par M. de *Lusignan-*

______

(1) **M.** d'Eschavannes, p. 14.

(2) **Id.** p. 12. Voir, au surplus, 1° Anselme, tome V, p. 374, **B** $=$ tom. 4, p. 679 et 322 **C** $=$ tom. 7, p, 251, **B** $=$ tom. 9, p. 66 $=$ 2° Moréri, édit. de 1759, tom. 9, lettre S, au mot *Saint-Gelais*.

(3) Suivant la carte de l'état-major du ministère de la guerre, notre bourg de *Lusignan-Grand* n'est qu'à une distance de 37 kil. de *Tournon* (7 lieues anciennes) et relativement à *Sembas* ou *Roséri*, qu'à celle de 11 kil, (2 lieues).

Couhé et par M. de *Laborie Saint-Sulpice*, ancien magistrat à notre Cour, descendant des Raffin et propriétaire du vieux manoir de *Roséri* :

Demeurant, jusqu'à la fin du XV⁰ siècle, seigneurs apanagistes du bourg dont ils avaient pris le nom et de quelques autres fiefs dans le même pays, les *Saint-Gelais* s'étendirent vers nous peu-à-peu.

Ainsi,

1° Jean,

Fils de *Pierre*, il se maria le 9 février 1481, avec Marguerite de *Durfort*, fille aînée du seigneur de Duras (aujourd'hui arrondissement de Marmande). Tout en conservant *Sainte-Aulaye*, en Saintonge, tout en maintenant à *Saint-Gelais* sa principale terre, il s'était même avancé jusqu'à Mauléon (Basses-Pyrénées).

2° Alexandre,

Frère puîné du précédent, qui déjà, avons-nous dit, était en Agenais par sa femme. Il y vint aussi, chambellan et conseiller de Jean d'Albret, roi de Navarre, dès l'année 1506 ; plus tard, conseiller aussi de François 1ᵉʳ, et, en plusieurs occasions importantes, son ambassadeur. Ce fut lui qui épousa, en 1520, Jacquette de *Lansac*, héritière unique de Thomas et de Françoise *D'Escars*.

3° Louis,

Seigneur de *Lansac*, comme son père, et de *la Mothe Sainte-Heraye* (Deux-Sèvres), conseiller d'Etat, chevalier d'honneur de la reine-mère, secrétaire de la maison du Roi, ambassadeur à Rome, passé par trois grandes alliances successives, tout cela ne fut pour lui à hauteur suffisante : il lui fallut le nom de Lusignan !

C'est ce qu'il accomplit en l'année 1579, dans l'ordre du Saint-Esprit, et les lettres patentes qu'il obtint sont de 1580. Tel, du reste, qu'il le revendiqua et tel qu'il lui fut conféré, son nom fut le nom primitif : *Lésignem*. Et il prit les armes de la Maison de Chypre (1). — Décédé en 1594.

4º Gui (2),

Fils du premier lit de Louis, diplomate habile, d'après l'observation particulière de Moréri. En tout cas, ambassadeur en Pologne avec l'évêque de Valence, frère de notre célèbre Blaise de Montluc, pour y favoriser l'élection du duc d'Anjou ; ambassadeur aussi en Espagne, neveu et beau-fils par sa mère d'un amiral et d'un maréchal de France, il épousa Antoinette de *Raffin*, dame d'*Azay-le-Rideau* (Indre-et-Loire), et de *Puycalvary* (Lot-et-Garonne), fille unique du Sénéchal d'Agenais. — Nous n'avons ni la date de sa naissance, ni celle de son mariage. Mais nous avons celle de son décès (1622). — Du reste, aussi peu soucieux de ses biens et de son argent que le premier Gui de sa race (qui s'était en effet épuisé, comme on sait, par ses largesses en faveur de ses barons); aussi bien pourvu que son père sans être plus modérément infatué de son nom ; paraissant croire que le prestige de ce nom pouvait suffire à tout. A partir 1596, il plaida en effet longtemps au parlement contre sa femme, pour résister à une action en dissolution de communauté. Dans la requête de celle-

(1) Ecartelé au 1ᵉʳ et au 4ᵉ, à la croix alaisée, d'argent au 2 et au 3, burelé d'argent et d'azur, de 10 pièces, au lion de gueule, couronné, orné et lampassé d'or (M. d'Eschavannes, p. 12, fin de la note).

(2) On voit, chez les **Saint-Gelais**, le but caché dans ce nom commémoratif; et, de son côte, notre *François* ne manqua point à montrer que tel était aussi le sien. Un de ses fils, mort sans postérité comme Armand qui en était le frère et dont nous n'avions pas eu jusqu'ici l'indication, fut également appelé *Gui*. (Note récemment prise à la bibliothèque impériale).

ci, il était dit : « Attendu les *grands deptes* dudit sieur son mari, « pour raison des *quels* tous ses biens sont engagés et la plus « grande partie de ceux de la demanderesse.... » A quoi il était répondu, le fait ne pouvant être nié : « N'est point nécessaire « séparer de biens *ni le faire voir*, D'AUTANT QU'IL SERA TROUVÉ « MOYEN DE S'ACQUITTER. » Mais la justice ne fit cas ni de possibilités ni même de probabilités (1).

Suit un fils :

5° Arthur,

Marié le 3 juin 1601, par conséquent né vers 1580. Jusques à quand a-t-il vécu ? Nous n'en avons aucune indication. Nous savons seulement que, eût-il laissé en âge de minorité son fils qui suit, il avait pour beau-père Giles *De Souvré*, gouverneur de Touraine, maréchal de France, et pour femme Françoise *De Souvré*, gouvernante du roi Louis XIII, et puis du prince qui fut Louis XIV.

6° Giles.

Rien de précis, non plus, sur l'époque de sa naissance. Mais, étant mort au siége de Dôle, par suite de la blessure qu'il y reçut en 1636, nous en concluons qu'il devait alors avoir 20 ans, son père ayant d'ailleurs été marié dès 1601. Et puis, une pièce par nous lue au château de *Roséri* nous ayant appris qu'il faisait foi et hommage au Roi de sa terre de Puycalvari, le 25 avril 1631, nous en concluons finalement que, ayant dû alors avoir 25 ans, sa naissance devait remonter à environ 1606. — Enfin, il se maria deux fois, puisqu'il laissa deux filles de deux lits différents.

Suivent les noms de ces deux filles :

7° { Marie-Magdeleine.
{ Anne-Armande.

Marie-Magdeleine épousa Henri François, marquis de VASSÉ,

---

(1) Archives de Lot-et-Garonne, B 54, 2e livraison, p. 24.

seigneur de Brierie et Guilli, baron de Larroche-Mabile. C'est elle qui eut *Puycalvari*, et qui le vendit, en 1660, pour 91,000 livres (1).

Anne-Armande donna sa main à Charles, duc de CRÉQUI, prince de Pois, pair de France, premier gentilhomme du Roi, auparavant ambassadeur extraordinaire à Rome. Et elle ? Elle fut première dame d'honneur de Marie-Thérèse d'Autriche, reine de France. — Le duc de Créqui ne décéda que le 13 février 1687, et Anne-Armande le 10 août 1709 seulement.

Suit une fille qui la prédécéda :

8° Margueritte.

Margueritte de CRÉQUI, mariée au duc Charles de la TRÉMOILLE, décédé en 1729.

Suit un fils de celle-ci :

9° Charles-Armand-René.

Fils aussi du duc de la TRÉMOILLE.
Marié en 1725. Etait aussi duc de Thouars, pair de France, premier gentilhomme de la chambre du Roi, prince de Tarente, etc., etc.

§ 2.

Maintenant, rapprochons les dates qui s'appliquent à ces divers *Saint-Gelais* ou à leur alliés des dates qui s'appliquent aussi à nos LUSIGNAN, et posons-nous quelques questions.

I.

Puisque Jean de *Saint-Gelais* vint à Duras en l'année 1481, n'entendit-il pas, à cette distance devenue si rapprochée pour lui,

---

(1). Autre pièce du château de Roséri.

parler du LUSIGNAN qui, en 1434, avait si vaillamment défendu ici son château contre Raymond de Montpezat ?

Outre son intérêt de famille à cause de l'identité de son nom originaire avec celui-là, n'avait-il pas, pour s'en enquérir, un intérêt de parti, le retentissement de cette échauffourrée étant né de l'adhésion qu'il y avait eu ici pour la cause anglaise, et ses aïeux ayant, au contraire, chaudement répondu à la voix de Bertrand de Born pour la cause française ? (1)

S'il ne put ignorer ni ce mémorable événement local ni le nom qui depuis, comme auparavant, planait sur le pays, ne prit-il aucun souci de cette homonymie, en la supposant illégitime, ni pour lui ni pour sa descendance ?

II.

Alexandre s'étant, plus tard, en 1520, marié à Lansac, après avoir déjà, en Béarnais, appris ou connu les faits et les noms marquants, soit dans cette province, soit dans celle qui lui était si voisine, ne devait-il pas, s'il y avait eu lieu, prendre même souci, en laisser au moins la tradition ?

III.

A partir, au moins de cette année 1579, où LOUIS revendiqua, avec tant d'ardeur et de solennité, le nom de *Lésignem* et les armes d'Arménie, ne dut-il pas, selon toute idée naturelle et logique, porter sa vue tout autour de lui et, de son regard jaloux, brûler toute bannière où son nom aurait été inscrit par usurpation ? Dût-il vouloir que la Cour, l'étranger, les siens même, vissent en lui un nom discrédité par quiconque l'aurait porté seulement empreint d'un doute ? Or, dès l'année même qui précéda immédiatement cette revendication (1578), un autre LUSIGNAN, *Jean, le nôtre*, était non moins solennellemeut promu par Henri

______

(1). M. Samazeuilh, hist. de l'Agenais, etc., tom. 1, p. 216.

de Bourbon à un poste militaire ! Était-ce un poste obscur ? Non : c'était celui du commandement de la ville d'Agen ! Pour le haut et puissant gentilhomme était-ce, quoiqu'il fût marié en Agenais, un de ces accidents passagers qui glissent devant les yeux et ne reviennent pas ? Non : ce gouverneur d'Agen y était encore en 1579, au temps précis où s'élaborait la vérification généalogique prémentionnée, au temps précis encore qui dut attirer vers notre ville tout l'intérêt, toute l'attention du LUSIGNAN *Saint-Gelais*. Ce fut, en effet, le moment du célèbre duel, sur le Gravier, entre Turenne et les Duras, ses plus proches parents par la femme de son oncle ! (1)

D'un autre côté, s'il eût eu à redire, ne lui eût-il pas été bien facile de faire rechercher ce qu'était que ce commandeur d'Agen, ce fâcheux homonyme, cet autre prétendant à la souche des Hugues ? Fils de l'ancien conseiller d'État de Jean d'Albret, conseiller d'État lui-même, résidant ou voyageant sur les lieux du litige, n'avait-il pas comme sous sa main toute la chancellerie de Navarre, toutes les chartes et tous les papiers nobiliaires ou autres dépendants des sénéchaux d'Agen et de Poitiers ?

S'il eût omis *Jean*, eût-il omis de même le fils de ce dernier, c'est-à-dire *Henri* ? Car Louis de *Saint-Gelais* ne décéda qu'en l'année 1594, et *Henri*, tout aussi pourvu d'honneurs insignes, plus bruyant encore que son père, camarade de Henri de Navarre dans toutes les batailles, exista jusqu'en 1597, pour le moins, d'après un acte public qui a passé sous nos yeux.

IV.

Gui ayant eu un fils qui, ainsi que nous venons de le voir, se maria en 1601, nous en inférons, d'abord, que ce fils devait être né vers 1580, et ensuite, que la naissance de Gui lui-même devait remonter vers 1560. Toutefois, pour le succès de l'observa-

(1) M. Samazeuilh, historique de l'Agenais, etc, tom. 2, p. 239.

tion qui va suivre, il nous suffit que Gui fût capable d'agir en
1607, même en 1618. A la première de ces deux époques, en effet, notre *François*, fils de *Henri* et petit-fils de *Jean*, prit de l'é-
clat comme gouverneur de la ville et de la forteresse de Puymirol ;
et, à la deuxième, cet éclat s'éleva à un très-haut degré par sa
promotion au titre de marquis, par son entrée au Conseil d'État
et au Conseil privé.

Hé bien, s'il y avait à contester le nom de *François*, c'était alors
le moment pour *Gui*.

Ce *François* de Lusignan était, sans doute, un rude antagoniste,
ainsi que le dénotèrent, plus tard, ses diverses preuves de vi-
gueur et même de témérité. Mais *Gui*, qui d'ailleurs aurait eu à
son aide la loi et le parlement, était bien de force à se mesurer
avec lui. Il était, en outre, le gendre du sénéchal d'Agenais, et
avait ainsi toute facilité de compulsoire dans toutes archives.
Glorieux autant que son père, avons-nous dit, du nom qu'il portait; habitué à le tenir haut dans son ambassade, et au niveau de
la fierté castillanne; doué des dons de l'esprit, notamment de
celui qu'on appelle *habileté;* et enfin les circonstances ne faisant
que grandir de plus en plus son prétendu adversaire, aurait-il
hésité ? . . .

D'autre part, sachons bien que, dès l'année 1607, si ce n'est
même dès auparavant, les diverses investitures et dignités dont
François fut l'objet lui firent un devoir de se rendre à la Cour, au
Conseil privé, au Conseil d'Etat. Sachons que, dans l'un comme
dans l'autre des deux Conseils, il ne manquait ni de susceptibili-
tés ni de lumières pour exciter à en faire exclure quiconque y
aurait importé de faux titres personnels. Sachons enfin qu'au
palais du Roi pouvait se rencontrer ce maréchal de *Souvré,* beau-
père d'Arthur ; que la gouvernante de Louis XIII y devait fidèle-
ment faire respecter ce nom tant recherché par l'aïeul de son
époux ; qu'elle y était journellement saluée dame de
Lusignan.

V.

Arrive 1625 ! ..... *Coupable de haute trahison, d'inhumaine félonie, dégradé de noblesse, jeté à la roture, condamné à mort, fugitif, exécuté en effigie, dépouillé de son château d'ailleurs couvert d'affront, de ses terres, de leurs revenus,* François ne devait-il pas enfin être renié comme LUSIGNAN, s'il était reniable ?

Qu'ils se montrent donc les *Saint-Gelais* ! .....

Arthur n'étant plus depuis trois ans, n'en est-il donc pas d'autres ? — Il y a *Giles,* fils de cet *Arthur* et de la grande dame de Cour, petit-fils et filleul du maréchal *Giles de Souvré,* car il ne meurt au siége de Dôle qu'en 1636.

A la vérité, vu son âge, il était resté, paraît-il, dans les simples titres de seigneurie qui lui étaient venus de son père et de ses aïeules dans les maisons de *Lansac* et de *Raffin* ; il n'en était pas venu aux dignités des hauts emplois. Mais, par-dessus ses titres simplement seigneuriaux, il avait aussi la dignité de son nom. Et puis, par sa mort même, on voit qu'il marchait dans la voie que lui avaient tracée ses prédécesseurs. Or, dans l'armée, les noms nobiliaires étaient, encore plus sévèrement que dans le civil, prémunis contre tout.

Peut-être dira-t-on qu'il n'avait pas encore, en 1625, l'âge qu'il lui fallait pour agir en justice D'abord, il l'avait très-probablement acquis avant l'époque de sa mort (1636), son père ayant été marié en 1601 ; et son droit contre *François* avait fort bien pu, sans péril, rester en suspens quelques années, *François,* de son côté, restant aussi pour lui répondre (1). Mais d'ailleurs, n'aurait-il pas eu, en 1625 et dans les quelques années qui suivirent, de bien zélés et de bien sûrs représentants de son droit : sa mère et son aïeul maternel ?

A la vérité encore, il ne laissait que deux filles. Mais si les tra-

---

(1) Nous avons eu lieu, depuis quelques jours, d'observer que *François* pouvait être décédé en 1631. Mais il aurait laissé un fils, nommé aussi *François* et, partant, attaquable comme il l'eût été lui-même.

ditions extérieures des familles et celles des noms surtout ne s'opéraient qu'au moyen de la transmission d'une épée, leurs souvenirs d'intérieur, leur culte tout aussi fervent au fond des âmes se conservaient joints à la dot.

VI.

De leur côté, c'était avec fidélité, c'était avec un pieux et dès lors très-juste orgueil que les filles de haute noblesse portaient dans leurs écrins de nôces l'écu de la Maison d'où elles étaient sorties. Leurs maris réunissaient cet écu à celui qu'ils affichaient de leur côté, et leurs successeurs communs, même de tout sexe, veillaient, avec un religieux respect, à l'inviolabilité de cet accroissement.

Aussi n'y eut-il pas défaut, même pour les temps postérieurs à *Giles de Saint-Gelais*, de toutes qualités requise en justice. — La dame de *Vassé* vivait encore en 1660 ainsi que nous l'avons déjà constaté, et même, si elle ne résidait habituellement en Agenais, elle y avait, du moins, des relations d'intérêt majeur et constant puisqu'elle y possédait jusque-là sa belle terre de *Puycalvari*. Quant à la dame de Créqui, dont l'existence se prolongea, avons-nous dit, jusqu'à l'année 1708, elle était, tout comme son aïeule, en puissant crédit à la Cour, à la chancellerie ; et il lui en eût coûté certes bien peu pour renverser de leur piédestal tous Lusignan prétendus apocryphes. Notez même qu'elle avait pour cóintéressé solidaire son époux, un Créqui, dont l'écusson portait ce célèbre *Créquier* épineux, ayant pour exergue : « nul ne s'y frotte (1). » Il vécut, avons-nous dit, jusqu'au 13 février 1687, plus d'une année après celle où *Pierre* de Lusignan s'occupait, non sans qu'il en fût bruit, de transmetttré son nom et ses armes à *Armand Joseph de* Lau.

(1) Anselme, tom. 4, p. 293, B.

VII.

Ces armes durent être, autant et plus peut-être que le nom lui-même, l'objet d'une ardente vigilance chez les Lusignan *Saint-Gelais,* chez tous ceux qui en avaient la garde. Leur conformité avec celles que *Louis* avait prises est frappante. Si elles ne coïncident pas absolument dans leurs menus détails, il y a, comme le montre l'ancien sceau de justice reproduit en tête de notre précédente notice, comme le constate si pertinemment M. Famin au bas de cette reproduction, les mêmes signes fondamentaux.

Or, sur cet autre point de si haute importance, quels ont été *au temps opportun, à ce temps qu'il ne leur était pas permis de laisser passer,* les détenteurs du droit des *Saint-Gelais?*

Ce temps, veut-on que ce ne soit pas celui que nous venons d'indiquer : celui où *Pierre* s'occupait avec plus ou moins d'éclat au dehors de cette transmission, et où décédait, de son côté, le duc de Créqui? Mais ce temps sera, au moins, celui où il aura fallu faire authentiquer et homologuer en chancellerie, par lettres-patentes du roi, cette transmission de *Pierre.*— Quand vint donc le moment de cette homologation? D'abord, lorsque *Pierre* fut mort, puisqu'il avait procédé par testament. Or, si nous n'avons pas cette date, nous avons dit ailleurs ce qui y supplée, c'est-à-dire la prise de possession par *Anne,* sa fille, du bien par lui laissé (1697). Ensuite, si le légataire de ces armes était alors mineur, le moment dût être, il est vrai, celui où il atteignit sa 25e année. Or, nous avons rencontré ailleurs qu'il était âgé de 45 ans en l'année 1727 (1), ce qui fixe son âge de majorité à 1707.

Et la dame de Créqui, décédée seulement en 1709, était alors dans tout son crédit pour y contredire !

Objectera-t-on que les lettres-patentes n'ont pris date qu'en

(1) Archives de la Préfecture de Lot-et-Garonne, B, 312.

décembre 1722? — Mais en supposant que, pour l'instruction préalable de cette affaire et pour sa notoriété à tous, il n'eût pas fallu un si long intervalle; en supposant que la dame de Créqui n'eût rien su, avant sa mort, des dispositions où pouvait être, à cet égard, l'héritier de *Pierre,* ce qui est certain c'est qu'elle avait laissé ses sentiments, ses devoirs de famille : 1° au duc Charles de La Tremoille, son gendre, qui vécut jusqu'en 1719; 2° à son petit-fils, issu de sa fille *Margueritte.* Et ce petit-fils, dont nous avons dit la haute position, dont nous avons dit encore qu'il s'était marié en 1725, pouvait certes bien parler et protester en décembre 1722 ! Il pouvait parler et protester encore en 1724, lorsque, étant entré dans la maison de Saintraille, *Armand-Joseph* arbora partout ses diverses alliances, notamment celle avec les Monpezat, en plaçant au quartier d'honneur les mêmes armes que les *Saint Gelais.*

Mais pourquoi, dira-t-on peut-être encore, différa-t-il si long-temps (depuis 1707 jusques vers les temps voisins de 1722) l'obtention de son titre en chancellerie ? — D'abord, il fit bien voir, lorsqu'il s'y présenta en 1722 ou même auparavant, que ce n'était pas crainte d'y trouver des opposans, puisqu'il y avait encore alors, en plus puissante position que la sienne, *Charles-Armand-René,* duc de La Trémoille et de Thouars, pair de France, premier gentilhomme de la Chambre du Roi, prince de Tarente, etc. Puis, n'oublions pas que, comme nous l'avons raconté ailleurs avec détail, cette époque fut celle qui précéda de peu son mariage.

Son mariage, qui est de 1724 ! Quelle coïncidence avec celui de *Charles-Armand-René,* qui est de 1725! De ce fonds d'idées qui agitent si communément les familles en pareilles circonstances, peuvent, il est vrai, surgir d'un côté des ambitions injustes, usurpatrices ; mais, d'autre part, c'est aussi de ce même fonds d'idées que serait surgie ici, plus active que jamais, si elle avait eu sa raison d'être, celle d'une opposition ?....

VII

Enfin, voici, à cet égard, un document à nous transmis, il y a peu de jours, par M. Casse-Bellecombe, notre honorable et savant compatriote, aujourd'hui résidant à Paris. Ce document est un extrait qu'il a pris de la *généalogie des Lusignan d'Agenais, d'après le dossier manuscrit de la bibliothèque impériale.*

Henri de Lusignan (celui des nôtres qui figure à la page 23 de notre notice historique), déjà veuf, épousa, le 25 juillet 1594, Madelaine de Saint-Gelais, veuve du sieur de Nuchèses, vice-chambellan du roi.

Et *François*, son fils, épousa, le même jour, Margueritte de Nuchèses, fille de cette même Madelaine de Saint-Gelais (1).

S'il pouvait nous être donné d'apprendre où sont ces contrats de mariages, même l'un des deux !... Nous y trouverions, croyons-nous, que nos Lusignan et ceux de Saint-Gelais étaient parents. Nous aurions ainsi la solution authentique et directe que nous avons tant recherchée. En attendant, retenons ici que, du moins, *ils se connaissaient*, et depuis longtemps. Retenons, au vu de cette date, que cette Saint-Gelais devait être la fille de *Louis* (décédé cette même année), qui avait revendiqué avec tant d'ar-

---

(1) Après le vice-chambellan d'Henri IV, il y eut encore des *Nuchèses* très-élevés en dignités, en services pour l'Etat. L'an 1625, précisément lors du premier désastre du mari de sa nièce, de notre *François*, ce fut un évêque de Châlons-sur-Saône, pourvu de hauts titres académiques, puis diplomatiques. Peu après, un grand chambellan (*Guillaume*); un gouverneur du Languedoc (Louis) ; un commandeur à qui Venise confia le commandement de sa marine, et qui fut, en France, lieutenant général de terre et de mer, (Biogr. univ.) — Et ce serait aussi dans une pareille famille que seraient entrés, père et fils, deux usurpateurs d'un grand nom !....

deur son nom de Lésignem et pris les armes de Chypre : ces armes dont les nôtres sont si particulièrement identiques, avec *Mellusine* en surplus. . . . . .

DUBERNET DE BOSQ,
Conseiller municipal.

Lusignan-Grand, 17 août 1868.

108

www.ingramcontent.com/pod-product-compliance
Lightning Source LLC
Chambersburg PA
CBHW051441060726
47596CB00006B/2580